SALOMON NEUMANN
(1819–1908)

JÜDISCHE MINIATUREN
Herausgegeben von Hermann Simon

Band 107   SALOMON NEUMANN

Die Deutsche Nationalbibliothek verzeichnet diese Publikation in der Deutschen Nationalbibliografie; detaillierte Daten sind im Internet über https://portal.d-nb.de/ abrufbar.

Alle »Jüdische Miniaturen« sind auch im Abonnement beim Verlag erhältlich.

© 2010 Hentrich & Hentrich Verlag Berlin
Inh. Dr. Nora Pester
Wilhelmstraße 118, 10963 Berlin
info@hentrichhentrich.de
http://www.hentrichhentrich.de

Satz: Barbara Nicol
Druck: Winterwork, Borsdorf

2., erweiterte Auflage 2012
Alle Rechte vorbehalten.
Printed in Germany
ISBN 978-3-942271-22-6

GÜNTER REGNERI

SALOMON NEUMANN

SOZIALMEDIZINER – STATISTIKER
STADTVERORDNETER

HENTRICH & HENTRICH

CENTRUM JUDAICUM

Umschlag vorn:
Vorderseite der Salomon Neumann-Medaille

Inhalt

Salomon Neumann (1819–1908)	7
Berufliche Stationen	15
Die Medizin ist eine soziale Wissenschaft	17
… und soziale Praxis	19
Der Stadtverordnete	21
Reorganisator der Berliner Volkszählungen	26
Gegen Treitschke!	31
Engagement in jüdischen Organisationen	37
Der Stifter	42
Neumann heute	48
Die Salomon Neumann-Medaille der Deutschen Gesellschaft für Sozialmedizin und Prävention (DGSMP) *Johannes Georg Gostomzyk, Gert von Mittelstaedt*	50
Anmerkungen	72
Quellen und Literatur	74
Abbildungsnachweise	79
Über den Autor	79

*Salomon Neumann-Medaille
der Deutschen Gesellschaft für Sozialmedizin und Prävention e.V.*

Seit 1986 verleiht die Deutsche Gesellschaft für Sozialmedizin und Prävention e.V. (DGSMP) die »Salomon Neumann-Medaille« für besondere Verdienste um die Präventiv- und Sozialmedizin. Damit hält die DGSMP die Erinnerung an einen der bedeutendsten Vertreter der Sozialmedizin lebendig. Sie stellt im Nachwort dieses Buches die Medaille und ihre Preisträger vor. Salomon Neumann, dessen Satz »Medicin ist eine sociale Wissenschaft« auf der Medaille eingeprägt ist, diente den Berlinern beinahe ein halbes Jahrhundert lang als ihr gewählter Stadtverordneter. 1861 reorganisierte Neumann die Berliner Volkszählung, wofür er auch internationale Anerkennung erhielt. Während des Berliner Antisemitismusstreits widerlegte er mit einer viel beachteten demographischen Studie das antisemitische Schlagwort einer jüdischen Masseneinwanderung. Die vorliegende Miniatur soll einige Aspekte seines engagierten Lebens beleuchten, auch jene außerhalb der Sozialmedizin.

Salomon Neumann (1819–1908)

Salomon Neumann wurde am 22. Oktober 1819 in der westpommerschen Kleinstadt Pyritz (heute Pyrzyce/Polen) geboren. Er war das vierte von acht Kindern des Kleinhändlers Hirsch Zwi Neumann (1795–1838) und

dessen Ehefrau Betty Bela Neumann, geborene Lieber (1783–1843).
Salomons ältester Bruder Nachmann Hirsch Neumann (1815–1887) zog 1835 nach Berlin und war dort als Textilfabrikant tätig. Dies ermöglichte dem kleinen Bruder, 1838 das Abitur am Friedrich-Wilhelm-Gymnasium abzulegen. Unmittelbar danach begann Neumann in Berlin mit dem Studium der Medizin. 1841 wechselte Neumann an die Universität Halle-Wittenberg, wo er im Juli 1842 das Staatsexamen ablegte und am 13. September desselben Jahres mit der in Latein verfassten Arbeit *Intussusceptionins intestinorum quatuor exempla*[1] zum Dr. med. promoviert wurde. Er ergänzte seine Ausbildung durch Aufenthalte in Wien, Venedig, Paris und der Schweiz. Nach Berlin zurückgekehrt, ließ sich Salomon Neumann 1845 als Arzt und Geburtshelfer mit einer Praxis in der Stralauer Straße 10 nieder.
Auch Neumanns zweitältester Bruder Julius wohnte inzwischen in der preußischen Hauptstadt. Er war 1841 gemeinsam mit der Mutter nach Berlin übergesiedelt. Zuerst handelte Julius Neumann (1818–1880) mit Tabak, bevor er 1850 eine Zigarrenfabrik gründete.[2] Einer seiner Söhne war der bekannte Pädiater Hugo Neumann (1858–1912), zu dem Salomon Neumann ein inniges Verhältnis hatte.* Auch ein Sohn von Salomons jünge-

---

* JÜDISCHE MINIATUREN, Band 72 »Dr. Hugo Neumann«

rem Bruder Aron Neumann (1823–1892) hieß Hugo. Der Rechtsanwalt Hugo Neumann (1859–1915), Autor einer viel beachteten *Handausgabe des BGB*[3], wurde Mitglied des Kuratoriums der Salomon Neumann-Stiftung für die Wissenschaft des Judentums.

Nach seiner Niederlassung als Arzt sollte es noch einige Jahre dauern, bis Salomon Neumann wirtschaftlich auf so stabilen Füßen stand, um selbst eine Familie zu gründen. 1857 heiratete der inzwischen anerkannte Arzt die Hauslehrerin Amalie Hurwitz (1822–1903) aus Hildesheim. Amalie stammte aus der Familie des bekannten Rabbiners und Kabbalisten Jesaiah Hurwitz (1555–1630). Das zunächst kinderlose Paar adoptierte Emma Hurwitz, eine Nichte Amalies[4], bevor sich im Jahr 1864 mit Tochter Elsbeth doch noch leiblicher Nachwuchs einstellte.

Im hohen Alter von 75 Jahren wurde Neumann erstmals Großvater. Tochter Elsbeth, die als Lehrerin arbeitete und schriftstellerisch tätig war, hatte inzwischen den Rigaer Brauereibesitzer Bernhard Meyer geheiratet. Enkel Joseph erblickte 1894 in Berlin das Licht der Welt. Zwei Jahre später wurde Hellmuth in Riga geboren. Beide Enkel wuchsen in Riga auf, besuchten ihre Berliner Großeltern aber regelmäßig und studierten später auch beide in Deutschland. Hellmuth Meyer wurde Kunsthistoriker. Er starb 1933 im Alter von nur 37 Jahren. Joseph Meyer trat in die beruflichen Fußstapfen seines Groß-

Salomon Neumann im Jahr 1857

Amalie Neumann, geborene Hurwitz, im Jahr 1860

Neumanns Tochter Elsbeth im Jahr 1872

Neumanns Enkel Joseph und Hellmuth im Jahr 1900

vaters und wurde Mediziner und Psychiater. Nach der Machtübernahme durch die Nazis als Jude und Mitglied im Verein sozialistischer Ärzte akut bedroht, verließ Joseph Meyer im März 1933 Berlin in Richtung Riga, um später in die USA zu emigrieren, wo er 1985 verstarb.[5]

Nach Amalies Tod im Jahr 1903 verschlechterte sich Salomon Neumanns Gesundheitszustand zusehends. Im Jahr 1905 erkrankte er so schwer, dass er zeitweise sogar ins Koma fiel. In der Zeit seiner Erkrankung besuchte ihn sein enger Freund Paul Singer (1844–1911)[6] regelmäßig. Nach 1905 trat Neumann nicht mehr in der Öffentlichkeit auf.

Salomon Neumann starb am 20. September 1908. Paul Singer hielt vier Tage später die Trauerrede im Haus des Verstorbenen. Anschließend wurde Salomon Neumann unter großem Geleit auf dem Jüdischen Friedhof in Weißensee beigesetzt.

Berufliche Stationen

Salomon Neumann arbeitete seit 1845 nicht nur als niedergelassener Arzt. Er wurde gleichzeitig Armenarzt der Stadt Berlin, was ihm ein regelmäßiges, wenn auch niedriges Einkommen sicherte.[7] Seit der Gründung im Jahr 1849 war Neumann zusätzlich als Vereinsarzt des Gesundheitspflegevereins der Arbeiterverbrüderung bzw. des Berliner Gesundheitspflegevereins tätig.

1853 erhielt Salomon Neumann ein Berufsangebot von ungewöhnlicher Seite. Der Berliner Polizeipräsident Carl Ludwig Friedrich von Hinckeldey (1805–1856) hatte gerade die Auflösung des Berliner Gesundheitspflegevereins durchgesetzt wegen demokratischer Propaganda unter dem Deckmantel ärztlicher Pflege. Obwohl Neumann Hinckeldey als treibende Kraft des Vereins bekannt war, versprach er ihm eine glänzende Karriere im statistischen Amt seines Polizeipräsidiums. Bedingung für die Einstellung in seiner Behörde wäre jedoch die Konversion zum Christentum gewesen. Neumann lehnte empört ab. Der Polizeipräsident nahm diese Ablehnung anscheinend persönlich, denn wenig später versagte er ihm die Zulassung zur Physikatsprüfung. Der Stadtphysikus war quasi die medizinische Aufsichtsbehörde der Stadt und hatte neben Aufsichts- und Kontrollfunktionen auch fürsorgerische Aufgaben. Im Gegensatz zum Armenarzt wurde der Physikus ordentlich besoldet, was Neumanns Einkommenssituation sicherlich deutlich verbessert hätte.

Daher war Neumanns Entscheidung, zwischen 1856 und 1866 als Gewerkarzt für den Berliner Gewerkskrankenverein zu arbeiten, möglicherweise auch wirtschaftlich motiviert. Besonders die Jahre als Arzt des Gesundheitspflegevereins und des Gewerkskrankenvereins nutzte Neumann, um ausführlich zu medizinalstatistischen bzw. medizinischen Themen zu publizieren. Bis 1866 veröffentlichte er dazu sechs Monographien und mindestens 41 Artikel.

Seit 1868 arbeitete Salomon Neumann als Revisionsarzt der Preussischen Lebens-Versicherung-Actien-Gesellschaft.[9] 10 Jahre lang, seit 1884, bekleidete Neumann dort auch die Stellung des stellvertretenden Vorstandsvorsitzenden. Erst im Jahr 1905 wurde er von seinem Posten als Revisionsarzt endgültig von der Versicherungsgesellschaft pensioniert.

Von den vielen Ehrungen, die Salomon Neumann während seines langen Lebens zuteil wurden, sei hier die Verleihung des Sanitätsratstitels im Jahr 1870 besonders erwähnt. Das Berliner Polizeipräsidium begründete damals den Antrag auf Verleihung mit Neumanns Veröffentlichungen auf dem Gebiet der Medizinalstatistik, seiner jahrelangen Mitarbeit in der königlichen Sanitätskommission und – nicht zuletzt – mit seinen Verdiensten bei der Durchführung der Volkszählungen.

Die Medizin ist eine soziale Wissenschaft

1847 trat Neumann mit seiner Schrift *Die öffentliche Gesundheitspflege und das Eigenthum* an die Öffentlichkeit. Seit Beginn der Industrialisierung war Berlins Einwohnerzahl ständig gestiegen; 1846 lag sie bereits bei etwa 400.000. Eine ausreichende medizinische Versorgung war jedoch für große Teile der Bevölkerung nicht gewährleistet. Der Staat beschränkte sich vornehmlich auf »medizinal-polizeiliche« Maßnahmen. Zur akuten medizinischen Versorgung der städtischen Armen beschäftigte die Stadt Berlin nur 30 Armenärzte – in Teilzeit. Neumann errechnete, dass über 180.000 Berliner über ein so geringes Einkommen verfügten, dass sie bei Erkrankung eines Familienmitglieds auf die Leistung der öffentlichen Krankenpflege angewiesen wären.
Ärzte hatten in Preußen die Stellung von Gewerbetreibenden und konkurrierten entsprechend um die wohlhabenden Patienten. Damit habe der Staat, »wie alle anderen Gewerbe, den Arzt an den Gewinn, den Kranken an den Besitz des Geldes gewiesen. (...) Wer viel Geld hat, kriegt gute Waare, wer wenig hat, muß sich mit schlechterer begnügen, wer gar keins hat, muß mit den Brosamen zufrieden sein, die man ihm zuwirft.«[10] Nach beinahe 165 Jahren hat dieser Satz nichts von seiner Aktualität verloren.

Den Staat sah Neumann in der Pflicht, die Gesundheit seiner Bewohner zu schützen und zu sichern. Er war davon überzeugt, dass Gesundheit und Krankheit von den sozialen und wirtschaftlichen Bedingungen abhingen, unter denen die Menschen lebten. Diese Bedingungen müssten daher wissenschaftlich erforscht werden, weshalb eine umfassende medizinische Statistik notwendig wäre.

Ähnliche Ansichten vertraten zu dieser Zeit viele demokratisch gesinnte Ärzte, so auch Rudolf Virchow (1821–1902). Mit diesem verband Neumann eine lebenslange Freundschaft. Als Virchow ab Juli 1848 die Zeitschrift MEDICINISCHE REFORM herausgab, wurde Neumann einer ihrer Autoren.

Zur gleichen Zeit begann Neumanns Mitarbeit in der Generalversammlung der Berliner Ärzte. Hier arbeitete er mit an einem Gesetzentwurf für eine neue Medizinalverfassung. Die entsprechenden Diskussionen innerhalb der Ärzteschaft dauerten bis ins Jahr 1849, doch mit dem Sieg der Konterrevolution war eine Durchsetzung gegenüber der Regierung nicht mehr möglich. Konsequenterweise wandte sich Neumann der praktischen Umsetzung seiner Vorstellungen zu.

... und soziale Praxis

Von 1849 bis 1853 war Neumann die treibende Kraft des Gesundheitspflegevereins des Berliner Bezirks der deutschen Arbeiterverbrüderung bzw. des Berliner Gesundheitspflegevereins. Der Verein war eine selbstverwaltete Krankenkasse. Im Gegensatz zum städtisch kontrollierten Gewerkskrankenverein nahm er seit Februar 1850 auch Frauen als Mitglieder auf. Den Mitgliedern wollte man »möglichst kräftigen Schutz zur Erhaltung ihrer Gesundheit und Beistand in Erkrankungsfällen der Art (...) gewähren, daß die Vereinsärzte gleich Hausärzten, den Mitgliedern mit Rath und That zur Seite stehen«. Die Ärzte wiederum sollten ihre Patienten nicht individualisiert behandeln, sondern sich in einem wissenschaftlichen Kollegium austauschen – dem »Comité der Aerzte«. Das Ärztekomitee, dessen Vorsitzender Neumann war, stellte gleichzeitig die politische Vertretung der Ärzte im Verein dar. Die Ärzte führten über die Krankenbehandlungen Bericht als »Grundlage zu einer medizinischen Gewerbestatistik«.[11]
Nach dem Verbot der Arbeiterverbrüderung im Jahre 1850 gelang es Neumann den Gesundheitspflegeverein nahtlos in einen neuen, selbstständigen Verein zu überführen. Dieser, nun Berliner Gesundheitspflegeverein genannt, konnte bis 1853 weiterarbeiten, bis er auf Betreiben des Berliner Polizeipräsidenten verboten wurde.

Die Berliner Syphilisfrage.

Ein Beitrag

zur öffentlichen Gesundheitspflege Berlins

herausgegeben

in Vertretung des ärztlichen Comités des Berliner Gesundheitspflege-Vereins

von

Dr. S. Neumann,

Vorsitzendem des Comités.

> „Souvenez-vous, que si vous êtes constitués les gardiens de la santé publique, vous l'êtes également de la morale publique" —
> *Parent-Duchatelet.*

Mit drei statistischen Tabellen.

Berlin.
Druck und Verlag von Georg Reimer.
1852.

Buchdeckel »Die Berliner Syphilisfrage« aus dem Jahr 1852

Der Gesundheitspflegeverein konnte 47 Monate lang wirken. In dieser Zeit stieg die Zahl seiner Mitglieder zeitweise auf über 10.000. Aus den gesammelten Daten des Ärztekomitees publizierte Neumann regelmäßig Vierteljahresberichte sowie Langzeitstudien über Mortalität und Krankheitsverteilung unter den Mitgliedern des Gesundheitspflegevereins.

Der Stadtverordnete

Fast 47 Jahre lang, von 1859 bis 1905, gehörte Salomon Neumann der Berliner Stadtverordnetenversammlung an. Erstmals gewählt wurde er am 13. Dezember 1858.[12] Neumanns Wahlbezirk bestand aus sieben Straßen rund um die Marienkirche und die Alte Synagoge: Heidereutergasse, Rosenstraße und Papenstraße (heute Teil der Karl-Liebknecht-Straße) sowie den heute nicht mehr existierenden Straßen Hoher Steinweg, Schmale Gasse, Neuer Markt und Marienkirchhof.
In der Sitzung am 5. Januar 1859 wurde Neumann als neues Mitglied in die Stadtverordnetenversammlung eingeführt und vereidigt. In den folgenden Jahrzehnten wurde Neumann immer wiedergewählt, in den meisten Fällen, ohne dass sich ihm ein Gegenkandidat gestellt hatte. Am 5. Januar 1905 hielt er als Senior des städtischen Parlaments in dessen erster Sitzung des Jahres

eine Laudatio. Es sollte seine letzte Wortmeldung in einer öffentlichen Sitzung der Berliner Stadtverordnetenversammlung sein. Nachdem er kurz darauf schwer erkrankte, legte Neumann sein Mandat am 2. November 1905 nieder.

Zu Beginn seiner Stadtverordnetentätigkeit gehörte Neumann zu einer Gruppe liberaler und sozial engagierter Abgeordneter, die von ihren Gegnern despektierlich »die kleine Vorsehung« genannt wurde. Auch Virchow, der auf Neumanns Anraten 1859 als Stadtverordneter kandidiert hatte, gehörte zu diesen Abgeordneten. Nach und nach näherte sich Neumann den Vorstellungen der Sozialdemokratie an, ohne jedoch Parteimitglied zu werden.

Für Neumann, der zeitlebens vom Wechselverhältnis der sozialen Umstände auf die Gesundheit des Individuums wie der Gesellschaft überzeugt war, lagen einige seiner kommunalpolitischen Arbeitsfelder quasi zwingend auf der Hand. Als er 1859 ins Stadtparlament eintrat, galt Berlin als eine der unhygienischsten Großstädte Europas. Die desolaten Zustände bei der Abwasserentsorgung trugen mit dazu bei, dass die Stadt immer wieder von Epidemien wie Typhus und Cholera heimgesucht wurde. Es existierte kein modernes Krankenhaus unter städtischer Verwaltung. Zudem gab es keine kommunale Behörde, die der Stadt notwendige sozialstatistische Daten liefern konnte. Zur Jahrhundertwende hatten sich

die Lebensbedingungen in Berlin erheblich verbessert und Neumann hatte maßgeblich dazu beigetragen:
Im Januar 1861 wurde Neumann in eine »Gemischte Deputation« von Stadtverordneten und Magistratsmitgliedern gewählt, die über die Einrichtung eines kommunalen statistischen Büros beriet. Im Februar 1862 richtete die Stadt Berlin dann ein solches Büro ein. Seit 1867 übernahm das statistische Amt die Organisation der Volkszählungen in der Stadt, nachdem die Zählung von 1864 noch von Salomon Neumann koordiniert worden war. Das Amt veröffentlichte in der Folgezeit nicht nur Daten zur Bevölkerungsentwicklung und den Wohnverhältnissen, sondern zu einer breiten sozialpolitischen Palette, so wie es Neumann lange gefordert hatte. Als Mitglied der gemischten Deputation für Statistik »begleitete« Neumann das »Statistische Amt der Stadt Berlin« sogar über seinen Rücktritt als Stadtverordneter hinaus bis ins Jahr 1907.
Bis in die 1870er Jahre hinein existierte in Berlin kein allgemeines Krankenhaus. Zur stationären Behandlung der (armen) Kranken durfte die Stadt eine beschränkte Anzahl von Betten in der Königlichen Charité nutzen. Im Jahr 1863 wurde Neumann Mitglied einer Kommission, die die Errichtung eines städtischen Krankenhauses vorbereiten sollte. 1866 publizierte er eine Studie über *Das Sterblichkeitsverhältnis in der Berliner Arbeiterbevölkerung*. Darin begründete er aus der höheren

Mortalitätsrate bei der Hauskrankenpflege die Notwendigkeit eines großen Krankenhauses. 1868 konnte endlich mit dem Bau eines städtischen Krankenhauses im sogenannten Pavillonstil begonnen werden. Das »Krankenhaus am Friedrichshain« wurde 1874 eröffnet, es folgten bald weitere städtische Krankenhäuser in Moabit, Kreuzberg und im Wedding.

Städtisches Krankenhaus am Friedrichshain um die Jahrhundertwende

Ebenso unbefriedigend wie die Krankenhausfrage war zu dieser Zeit auch die Frage der Abwasserentsorgung. Über offene Rinnsteine wurden die Abwässer ungefiltert in die Spree abgeleitet. Fäkalien wurden in Sickergruben gesammelt, abgefahren und als Dünger in der Landwirtschaft verwendet. Das enorme Bevölkerungswachstum der Stadt verlangte immer dringlicher nach einer neuen Lösung. Doch noch im Jahr 1865 konnten sich städtische und staatliche Behörden nicht auf eine weitere Vorgehensweise einigen. Es war die Cholera, die hier eine Lösung zugunsten der unterirdischen Kanalisation erzwang. Seit 1831/32 war Berlin mehrfach von Choleraepidemien heimgesucht worden. Allein 1866 erkrankten daran mehr als 8.000 Menschen, 5.400 starben. 1867 wurde eine gemischte Deputation unter der Leitung von Rudolf Virchow eingesetzt, zu der auch Salomon Neumann gehörte. Beide forderten vehement ein umfassendes und zukunftsorientiertes Kanalisationssystem, das ein weiteres Wachstum der Stadt berücksichtigte. Der Bauingenieur James Hobrecht (1825–1902) arbeitete seit 1869 einen entsprechenden Plan aus. Um eine möglichst breite Zustimmung dafür zu gewinnen, wandten sich Virchow und Neumann 1871 sogar mit einem öffentlichen Aufruf zur »Reinigung und Entwässerung Berlins« an die Bevölkerung. Ab 1873 begannen unter der Leitung Hobrechts die Bauarbeiten für eine Kanalisation mit Radialsystemen und Rieselfeldern.

Als 1892 die Cholera erneut ausbrach, musste Hamburg über 8.600 Todesopfer beklagen, Berlin aber nur 15!

Reorganisator der Berliner Volkszählungen

Bis in die 1850er Jahre führte die Polizeibehörde die Volkszählungen in Berlin durch. Den Kommunalbehörden entgingen dadurch wichtige Informationen, die sie beispielsweise für ihre Armenpflege benötigt hätten. Das von der Polizei angewandte Zählverfahren, d. h. die Addition der Melderegister, war zudem äußerst ungenau. Schließlich machte die räumliche Ausdehnung der Stadt über die bisherigen Polizeireviergrenzen hinaus eine Reorganisation der Berliner Volkszählung im Jahr 1861 unumgänglich.

Neumann erkannte in der bevorstehenden Volkszählung die Gelegenheit, einen wichtigen Schritt hin zur Entwicklung einer kommunalen Sozialstatistik zu machen. Am 3. Mai des Jahres stellte er an die Stadtverordnetenversammlung und den Magistrat einen Antrag, gemeinsam mit dem Polizeipräsidium in Verhandlung zu treten, um die Kommune an der Volkszählung zu beteiligen. Neumann erarbeitete Organisationsprinzipien, die als Grundlage der Verhandlungen dienen sollten. Als im Herbst 1861 eine vierköpfige Kommission aus Polizei- und Kommunalvertretern zusammentrat, um die Zählung vorzubereiten, gehörte ihr Neumann als Stadtverordneter an. Trotz des Widerstands der Polizeibehörde in Einzelaspekten konnte sich Neumann in wichtigen Fragen zur Organisation der Volkszählung durchsetzen: Der Selbstzählung durch die Haushaltsvorstände und der Nutzbarmachung der erhobenen Zensusdaten für die Kommune.

Letzteres erreichte Neumann durch die Entwicklung von »Grundstücks-Kontrolllisten«, die nicht wie die »Haushaltungs-Urlisten« unmittelbar an die Polizeibehörde abgeliefert werden mussten. Die Kontrolllisten enthielten neben der nochmals erfassten Einwohnerzahl zusätzliche Daten zu den Wohnverhältnissen. Daraus schuf Neumann die erste soziale Wohnungsstatistik Berlins. Noch 50 Jahre später bezeichnete der Statistiker Heinrich Silbergleit (1858–1939) sie als mustergültig »mit allen Unterscheidungen, deren die moderne hygienische und sozialpolitische Forschung für ihre Zwecke bedarf.«[13].

Bei der Selbstzählung füllten die einzelnen Haushaltsvorstände die Zählungsformulare selbstständig aus; die »Zähler« kontrollierten und sammelten die Formulare ein. Nach Neumanns Ansicht eigneten sich Freiwillige aus der Bürgerschaft besser für diese Aufgabe als die Schutzmänner der Polizei. Neumann ging von etwa 2.000 Freiwilligen aus, die notwendig wären und für diese Aufgabe gewonnen werden könnten. Ein öffentlicher Aufruf erbrachte jedoch eine viel höhere Bürgerbeteiligung: Am 3. Dezember 1861 sammelten schließlich 7.438 Freiwillige die Volkszählungsdaten. Damit

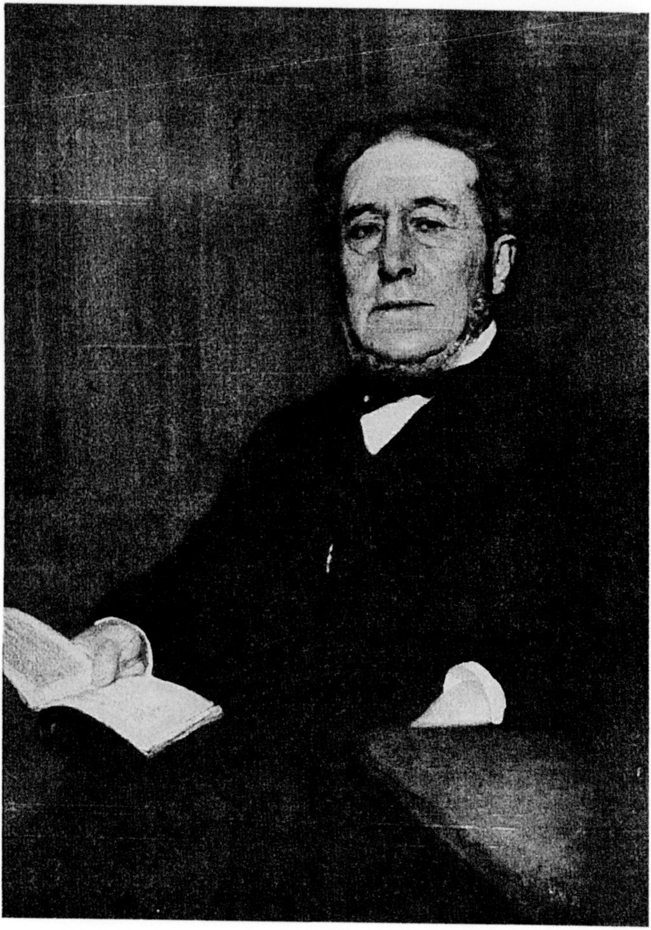

Salomon Neumann Porträts der Malerin Julie Wolfthorn (1864–1944). Die Porträts entstanden Mitte der 1890er Jahre. Julie Wolfthorn porträtierte weitere Familienmitglieder. Alle Bilder gelten jedoch als verschollen. Der Julie-Wolfthorn-Freundeskreis bereitet derzeit eine »Jüdische Miniatur« über die Malerin vor.

hatte Neumann mehr als jeden siebten Kommunalwahlberechtigten für sein Projekt gewonnen.[14]

Auch 1864 beauftragten die Stadtbehörden Salomon Neumann wieder mit der Koordinierung der Volkszählung. Durch die von Neumann organisierten Volkszählungen von 1861 und 1864 erhielten der Berliner Magistrat und die Stadtverordnetenversammlung erstmals verlässliche Bevölkerungs- und Sozialdaten. Neumann selbst nutzte in der Folgezeit besonders die Wohnungsdaten, um – leider erfolglos – ein Verbot von Kellerwohnungen zu fordern. Internationale Anerkennung erhielten Neumanns Organisationsprinzipien durch den »Internationalen Statistischen Kongress«, der im September 1863 in Berlin abgehalten wurde. Zwar nahm Neumann nicht am Kongress teil[15], doch als der ursprünglich vorgesehene Berichterstatter zum Thema »Organisation der Volkszählung und Volksbeschreibung« konnte er seine erfolgreich erprobten Organisationsprinzipien dem internationalen Fachpublikum schriftlich darlegen.

Bemerkenswert modern erscheint dabei eine seiner Empfehlungen bezüglich eines möglichen Datenmissbrauchs: »Es empfiehlt sich daher, dass in dem Volkszählungsgesetz die ausdrückliche Garantie gegen eine missbräuchliche Verwerthung der individuellen Censusantworten dadurch gegeben werde, dass jede anderweitige als lediglich allgemeine statistische Benutzung unzweideutig verpönt werde.«[16]

Gegen Treitschke!

Im Jahr 1880 publizierte Salomon Neumann die demographische Studie *Die Fabel von der jüdischen Masseneinwanderung*. Seine in ihrer ersten Auflage 43 Seiten umfassende Broschüre stützte sich ausschließlich auf offizielle Statistiken des preußischen Staates. Sie war Neumanns Beitrag zu einer publizistischen Debatte über die Zugehörigkeit der deutschen Juden zur Nation. Diese dauerte von 1879 bis 1881 und wird heute als »Berliner Antisemitismusstreit« bezeichnet. Losgetreten hatte den Streit der Berliner Geschichtsprofessor Heinrich von Treitschke (1834–1896).

Treitschke hatte im November 1879 in den von ihm redigierten PREUSSISCHEN JAHRBÜCHERN einen Reigen antisemitischer Artikel eröffnet, die er im Folgejahr als Buch unter dem Titel *Ein Wort über unser Judenthum* publizierte. Mit mehreren Auflagen wurde es das einflussreichste antisemitische Buch des 19. Jahrhunderts. Treitschke prägte darin das Schlagwort »Die Juden sind unser Unglück!«[17], das noch 50 Jahre später als Motto auf der Titelseite des Nazi-Hetzblattes DER STÜRMER prangte. Für Treitschke waren die Juden die Hauptschuldigen an den Krisenerscheinungen in Deutschland mit einem übermäßigen – schädlichen – Einfluss auf Deutschlands Wirtschaft und Politik. Juden stellten für ihn eine Gefahr dar, weil sie sich kulturell und national

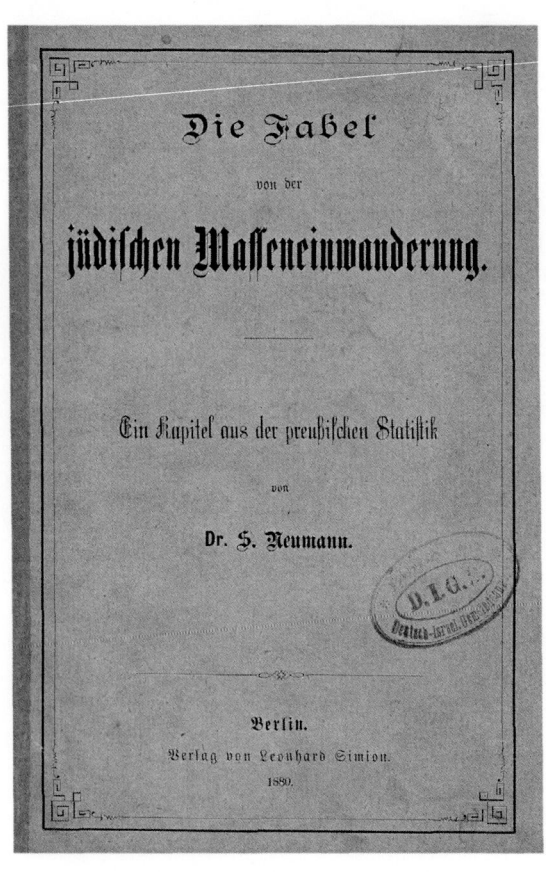

Buchdeckel »Die Fabel von der jüdischen
Masseneinwanderung« aus dem Jahr 1880

von den Deutschen unterschieden, doch gleichzeitig nicht assimiliert werden könnten.

Die bildungsbürgerliche Öffentlichkeit reagierte ambivalent. Der Radau-Antisemitismus um den evangelischen Hofprediger Adolf Stoecker (1835–1909) wurde als vulgär empfunden, doch Treitschkes judenfeindliche Argumente umgab die Aura eines hochgeachteten Wissenschaftlers. Auch wenn einige Professorenkollegen sich von Treitschkes Auffassungen moralisch abgestoßen fühlten, fand die neue Ideologie starken Widerhall in der Studentenschaft. In den folgenden Monaten wurde eine große Anzahl von Streitschriften pro und contra Treitschke publiziert. Seine Kritiker stammten aus der bürgerlichen Elite; es waren vornehmlich jüdische oder zum Christentum konvertierte Gelehrte oder Politiker. Doch mit seiner öffentlichen Autorität bestimmte Treitschke in dieser Phase, welche Personen in die Debatte eintreten konnten und welche Argumente darin gehört wurden. Als Neumanns *Fabel von der jüdischen Masseneinwanderung* im Sommer 1880 in den Buchhandel kam, ignorierte Treitschke sie über Monate. Dennoch wurde die Broschüre dreimal aufgelegt. Die Erweiterung zur dritten Auflage publizierte Neumann im Mai 1881 separat als *Nachschrift zur Fabel von der jüdischen Masseneinwanderung*.

Da in Preußen keine konfessionell ausdifferenzierte Wanderungsstatistik existierte, verglich Neumann die

Bevölkerungsbilanzen, um so die Mehrein- bzw. Mehrauswanderung zwischen 1822 und 1871 zu ermitteln. Als Ergebnis stellte er eine Mehreinwanderung für den jüdischen Bevölkerungsteil Preußens nur für den Zeitraum bis 1843 fest. Diese Mehreinwanderung entsprach jedoch prozentual der Mehreinwanderung, die auch die Gesamtbevölkerung verzeichnete. Zwischen 1843 und 1871 aber verzeichneten die Bevölkerungsbilanzen eine kontinuierliche Mehrauswanderung für den jüdischen Teil der Bevölkerung. Nur aufgrund eines höheren Geburtenüberschusses kam es zu einer relativen Zunahme des jüdischen Anteils an der Gesamtbevölkerung. Mit einer regionalen Ausdifferenzierung konnte Neumann zudem zeigen, dass auch die von antisemitischer Seite behauptete Einwanderung russischer oder österreichischer Juden speziell in die Provinz Posen nicht den Tatsachen entsprach. Als weiteres Ergebnis seiner Studie stellte er fest, dass in Preußen lediglich die Stadt Berlin durch Mehreinwanderung und Zuzug an jüdischer Bevölkerung gewonnen hatte. Da sie jedoch fast ausschließlich aus den preußischen Provinzen, überwiegend aus Posen stammte, handelte es sich mithin nicht um Einwanderung, sondern um die Binnenwanderung preußischer Staatsbürger.

Kritiker warfen Neumann vor, durch die zeitliche Beschränkung bis 1871 die jüdische Einwanderung der neueren Zeit bewusst auszublenden. Dies war jedoch eine unberechtigte Kritik. Denn die Veröffentlichungen der Volkszählung vom Dezember 1875 enthielten keine konfessionellen Daten, die einen Vergleich mit den vorherigen Zählungen zuließen. Als Neumann im Jahr 1884 seine zweite bevölkerungsstatistische Arbeit *Zur Statistik der Juden in Preussen von 1816 bis 1880* veröffentlichte, bestätigte sich aber, dass es auch bis 1880 keine jüdische Masseneinwanderung gegeben hatte.

Treitschke weigerte sich lange, Neumanns Arbeit überhaupt wahrzunehmen. Erst als sich im Spätherbst die Machtverhältnisse innerhalb der Debatte grundlegend änderten, war er dazu gezwungen. Ausschlaggebend dafür war der Berliner Historiker Theodor Mommsen (1817–1903), dessen öffentlicher Einfluss selbst den Treitschkes in den Schatten stellte. In seiner Schrift *Auch ein Wort über unser Judenthum* kritisierte Mommsen Treitschke auf breiter Front. Unter anderem schrieb er: »Daß die jüdische Masseneinwanderung über die Ostgrenze, welche Hr. v. Treitschke an die Spitze seiner Judenartikel gestellt hat, eine reine Erfindung ist, hat Hr. Neumann bekanntlich an der Hand der Statistik in schlagender Weise dargethan.«[18]

Im Januar 1881 nahm Treitschke mit seinem Artikel »Die jüdische Einwanderung in Deutschland« in den PREUSSISCHEN JAHRBÜCHERN Neumann Arbeit endlich öffentlich wahr. Ohne Erfolg versuchte er sie zu widerlegen, was Neumann in seiner *Nachschrift zur Fabel* hämisch kommentierte. Nach Januar 1881 schrieb Treitschke keine weiteren Artikel zum Thema in den PREUSSISCHEN JAHRBÜCHERN. Damit war die Debatte faktisch beendet, doch der Antisemitismus war in den bildungsbürgerlichen Kreisen des deutschen Kaiserreiches salonfähig geworden.

Neumann nutze auch nach dem Berliner Antisemitismusstreit die Feder als Waffe gegen den Antisemitismus. Beispielhaft sei hier ein Artikel Neumanns aus dem Jahr 1892 genannt: »*Philosemitische Eulenspiegeleien oder antisemitische Wahrheitsliebe*«. Er widerlegte darin den Vorwurf, den die NEUE PREUSSISCHE ZEITUNG erhoben hatte: Die preußischen Juden hätten sich in den Freiheitskriegen von 1813 vor dem Militärdienst gedrückt. Dieses antisemitische Stereotyp »jüdischer Drückebergerei« fand später seinen erschreckenden Höhepunkt in der sogenannten »Judenzählung« durch das preußische Kriegsministerium während des Ersten Weltkriegs.

Engagement in jüdischen Organisationen

»Aber er erkannte bald, daß mit der Verfolgung antisemitischer Ausschreitungen, mit litterarischer Widerlegung, so berechtigt, so wahrhaftig, so scharfsinnig sie auch sei, daß selbst mit der wohlgemeinten Unterstützung edler Andersgläubiger es allein nicht gethan ist. Im Zusammenschlusse aller deutschen Juden, in ihrer moralischen Aufrichtung und sittlichen Veredelung erblickte er das Mittel, nicht um den vererbten, jahrhunderte alten Haß und seine feindseligen Aeußerungen abzuwenden, wohl aber, um die innere Widerstandskraft der Verfolgten zu befestigen, auf daß kein feindlicher Anprall sie zu besiegen, daß inmitten der Noth und dem Drange der trüben Gegenwart zu einer besseren Zukunft der Grund gelegt werde.«[19]

Auch wenn Neumann hier seinen kurz zuvor verstorbenen Freund Samuel Kristeller (1820–1903)[20] beschrieb, lassen sich doch starke Parallelen zu seinem eigenen Engagement erkennen. Der »Zusammenschluss«, in dem Neumann über Jahrzehnte aktiv war, hieß »Alliance Israélite Universelle« (A.I.U.). Sie war 1860 gegründet worden und hatte ihren Hauptsitz in Paris. Sie verstand sich als supranationale Organisation, die weltweit für die Gleichberechtigung der Juden und ihren »moralischen Fortschritt« eintrat. Im Nahost- und Mittelmeerraum betrieb die A.I.U. Handwerks- und landwirtschaftliche

Hochschule für die Wissenschaft des Judentums, Straßenansicht des Gebäudes Artilleriestraße 14 (heute Tucholskystraße 9), 1907

Kuratoren der Hochschule (Moritz Lazarus, Moritz Meyer, Salomon Neumann, Ludwig Philippson)

Schulen, in Osteuropa organisierte sie Hilfsaktionen bei Epidemien und Hungersnöten. Lokal- und Bezirkskomitees bestanden in verschiedenen europäischen Ländern. Neumann übernahm 1869 den Vorsitz des Berliner Lokalkomitees der A.I.U. Von hier koordinierte er Hilfsmaßnahmen während einer Typhusepidemie in Russland. 1872 wurde Neumann ins Zentralkomitee der A.I.U. gewählt.

Neumanns anderes Betätigungsfeld in jüdischen Organisationen betraf die »Wissenschaft des Judentums«. Als er Leopold Zunz (1794–1886) kennen lernte, wurde dieser Neumanns Vorbild und lebenslanger Freund. Zunz galt als »Begründer der Wissenschaft des Judentums«. 1864 regte Neumann die Gründung der »Zunz-Stiftung« an. Mitte der 1870er Jahre begann das Kuratorium der Stiftung auf Anregung Neumanns mit der Herausgabe einer dreibändigen Zunz-Gesamtausgabe.[21]

Neumann engagierte sich auch in der »Hochschule für die Wissenschaft des Judentums«*, die am 6. Mai 1872 im Saal des »Brüdervereins« feierlich gegründet wurde. Seit diesem Zeitpunkt gehörte er dem Kuratorium der Hochschule an; von 1895 bis 1905 war er Vorsitzender des Kuratoriums. Nach 35 Jahren in gemieteten Räumen

---

* JÜDISCHE MINIATUREN, Band 50 »Die Hochschule für die Wissenschaft des Judentums (1872–1942)«

konnte die Hochschule 1907 endlich in ein eigenes Gebäude in der damaligen Artilleriestraße 14 (heute Tucholskystraße 9) ziehen. In Würdigung seiner Verdienste für die Hochschule terminierte das Kuratorium die Eröffnungsfeier auf den 22. Oktober 1907, den 88. Geburtstag Neumanns. Am selben Tag ernannte es ihn auch zum »immerwährenden Ehrenmitglied«.

Salomon Neumann im Jahr 1887

Der Stifter

Aus Anlass seines achtzigsten Geburtstages erhielt Neumann mehrere größere Geldspenden, die als Gründungsfonds für eine Wissenschaftsstiftung vorgesehen waren. Der Gründungsprozess zog sich über mehrere Jahre hin, bis Neumann am 8. März 1906 den Antrag auf »Erwirkung einer landesherrlichen Genehmigung« beim Polizeipräsidenten der Stadt Berlin stellen konnte. Die Gründung der rechtlich selbständigen »Salomon Neumann-Stiftung für die Wissenschaft des Judentums« erfolgte am 28. September desselben Jahres mit einem Anfangskapital von fast 45.000 Mark.[22]

Neumann wollte mit Hilfe seiner Stiftung die Wissenschaft des Judentums »auf der Grundlage freier Forschung und freier Lehre, unabhängig von jeglicher politischen, sozialen und religiösen Tendenz« fördern. Angesichts des zum Gründungszeitpunkt geringen Stiftungsvermögens waren die für die Erreichung dieses Zwecks auserkorenen Mittel hoch gesteckt:

»a) Schaffung von Privatdozenturen [...],
 b) Gewährung von Stipendien oder Beihilfen zu Reisen [...],
 c) Ausschreibung von Preisaufgaben,
 d) Förderung des Erscheinens wissenschaftlicher Arbeiten durch Gewährung von Honoraren oder Beihilfen an Verleger und Drucker,

e) Beihilfen zur Gründung oder Erweiterung jüdischer Bibliotheken.«[23]

Am 1. Dezember 1906 konstituierte sich die Stiftung. Das erste, achtköpfige Stiftungskuratorium bestand zur Hälfte aus Familienmitgliedern. Neben dem Stifter selbst waren dies seine in Riga lebende leibliche Tochter Elsbeth Meyer, Siegfried Brünn, Ehemann seiner Adoptivtochter Emma, sowie sein Neffe Dr. jur. Hugo Neumann. Die andere Hälfte des Kuratoriums setzte sich zusammen aus Persönlichkeiten des jüdischen Bildungsbürgertums Berlins: Der Philosophieprofessor Hermann Cohen (1842–1918), der Physikprofessor Salomon Kalischer (1843–1925), der Arzt Dr. Albrecht Rosenstein sowie als Kuratoriumsvorsitzender der Juraprofessor Felix Liebermann (1851–1925).

Auch in späteren Jahren gehörten regelmäßig Familienmitglieder dem Kuratorium an, zwischenzeitlich auch Neumanns Enkel Joseph Meyer. Er war 1932 ins Kuratorium gewählt worden, legte das Amt aber schon 1933 nieder, als er Deutschland endgültig verließ. Salomon Neumanns Tochter Elsbeth Meyer war das einzige Mitglied des Gründungskuratoriums, das auch noch dem zuletzt nachgewiesenen, sechsköpfigen Kuratorium des Jahres 1938 angehörte. Diesem Kuratorium gehörten des weiteren Julius Feig (1884–1968, Enkel von Neumanns Bruder Julius und Direktor der Zigarrenfabrik J. Neumann AG), der Rechtsanwalt Dr. Alexander

*Salomon Neumann im Jahr 1905. Radierung von
Hermann Struck (1876–1944). Das Bild ist verschollen.*

Philippsborn (Enkel von Neumanns Schwester Johanna) an, sowie der Jurist Dr. Philipp Salomon und der Rabbiner und Direktor der Lehranstalt für die Wissenschaft des Judentums Dr. Leo Baeck (1873–1956).

Der Orientalistikprofessor Eugen Mittwoch (1876–1942) stand der Stiftung bis zur endgültigen Zerschlagung durch die Nationalsozialisten als letzter Kuratoriumsvorsitzender vor.

Kurz vor seinem Tod erlebte Salomon Neumann, dass das Stiftungsvermögen 50.000 Mark überstieg. Damit lag der Beginn einer Fördertätigkeit in greifbarer Nähe. 1908 lieh die Stiftung dem Tischlermeister Löchel auf dessen Hausgrundstück Glanzstraße 2 in Treptow die Summe von 45.000 Mark.[24] Der im Hypothekenbrief vereinbarte Zinssatz von 5% sicherte der Stiftung eine jährliche Zinseinnahme von 2.250 Mark. Satzungsgemäß schüttete die Stiftung im Jahr 1909 erstmals eine jährliche Zuwendung in Höhe von 1.200 Mark an die Lehranstalt für die Wissenschaft des Judentums für Lehrzwecke aus. Zum gleichen Zeitpunkt begann die Stiftung einzelne Forschungsvorhaben oder Publikationen zu fördern. Größter Zuwendungsempfänger war der Philosoph und Rabbiner Dr. Benzion Kellermann (1869–1923). Die Stiftung finanzierte dessen Forschungen und Publikationen über Lewi ben Gerson[25] und Kant bis zum Jahr 1920 mit 6.800 Mark.[26]

Die Folgen des Ersten Weltkriegs und die nachfolgende Hyperinflation hatten fatale Folgen für das Vermögen der Stiftung. Die kaiserliche Regierung hatte mit Kriegsbeginn die Noteneinlösungspflicht in Gold abgeschafft. In ihrer patriotischen Gesinnung und unbeeindruckt von dieser währungstechnischen Zäsur zeichnete die Salomon Neumann-Stiftung während des Krieges – ähnlich Millionen anderer deutscher Privatpersonen und Einrichtungen auch – erhebliche Summen als Kriegsanleihen. Letztendlich wies der Vermögensnachweis der Stiftung am 31. Dezember 1920 insgesamt 10.600 Mark in verzinslichen und unverzinslichen Anleihen und Schatzanweisungen bei einem Gesamtvermögen von 55.681,30 Mark auf, mithin fast ein Fünftel des Gesamtvermögens. Nur zwei Jahre später, noch bevor die Hyperinflation überhaupt ihren Höhepunkt erreichte, waren diese Anleihen nicht einmal mehr einen Dollar wert. Die Stiftung musste ihre Fördertätigkeit einstellen. Auch der Hypothekenbrief der Stiftung besaß vorerst keinen Wert mehr. Erst durch das sogenannte Aufwertungsgesetz vom 16. Juli 1925 wurden die durch die Geldentwertung entstanden Nachteile teilweise ausgeglichen. Zum Jahresende 1931 war das verfügbare Bankguthaben durch jahrelang angesammelte Hypotheken- und Kontozinsen wieder so weit angewachsen, dass die Stiftung wieder Fördergelder ausschüttete.

Für die Zeit nach der Machtübergabe an die Nazis bis zum Jahresende 1935 lassen sich finanzielle Zuwendungen der Stiftung mit einer Gesamtsumme von 3.880 Reichsmark nachweisen. Nutznießer waren insgesamt 16 Einzelpersonen, der Bayerische Bund Israelitischer Gemeinden und die Lehranstalt für die Wissenschaft des Judentums.

Letztere finanzierte mit der Spende den Druck des Fünfzigsten Berichts für die Lehranstalt für die Wissenschaft des Judentums für die Jahre 1932 bis 1935.[27]
Am 13. Mai 1938, wenige Monate nach dem Verkauf des Hauses Glanzstraße 2 an den Polizeiassistenten a. D. Wilhelm Scheidt, erfolgte die Löschung der Hypothek aus dem Grundbuch. Mit Schreiben vom 3. November 1939 ordnete der Chef der Sicherheitspolizei und des SD die Eingliederung der Stiftung in die Reichsvereinigung der Juden in Deutschland an, aufgrund des §5 der 10. Verordnung zum Reichsbürgergesetz vom 4. Juli 1939. Endgültig vollzogen wurde die Eingliederung am 18. März 1940 mit der Aushändigung der Anordnung an den Vorstand der Stiftung. Die bürokratische Floskel bedeutete jedoch nichts anderes als die Enteignung und Zerschlagung einer selbstständigen jüdischen Einrichtung.
Aufgrund ihrer relativen Finanzschwäche konnte die Stiftung zu keinem Zeitpunkt Großprojekte fördern. Dennoch ist es ein Verdienst der Stiftung und ihrer Kuratoren, dass sie in der Zeit der Naziherrschaft im Rahmen ihrer Möglichkeit versuchten, die »wissenschaftliche Not« mit Druckkostenzuschüssen und Zuwendungen an einzelne jüdische Wissenschaftler zu lindern. Damit handelten sie wohl ganz im Sinne des Stifters.

Neumann heute

Salomon Neumann engagierte sich zeitlebens auf zahlreichen Tätigkeitsfeldern. Viele »Einrichtungen«, für die Neumann als Stadtverordneter in Berlin stritt, etwa das Kanalisationssystem und die städtischen Krankenhäuser, sorgen heute noch für eine hohe Lebensqualität in der Metropole Berlin. Daher verwundert es, dass sich einzig die Sozialmediziner seiner aktiv erinnern.

In *Die öffentliche Gesundheitspflege und das Eigenthum* offenbarte sich Neumann als überzeugter Demokrat. Diese Einstellung gab er nie auf, auch in den Zeiten, in denen es nicht mehr in Mode war. Praktizierte Demokratie hieß für Neumann, die kommunale Selbstverwaltung zu stärken. Engagement und Beteiligung der Bürger waren dafür essentiell. Heute wird dies als »bürgerschaftliches Engagement« bezeichnet. Neumann zeigte mit der Gewinnung Tausender freiwilliger Zähler für die Volkszählungen 1861 und 1864, welche Dimensionen ein solches Engagement annehmen kann.

Viele seiner Schriften besitzen inhaltlich eine zeitlose Aktualität, die fast avantgardistisch genannt werden kann. So könnten Äußerungen Neumanns zur öffentlichen Gesundheitspflege auch anderthalb Jahrhunderte später, nach einer rein sprachlichen Anpassung, leicht als Beiträge in der aktuellen Gesundheitsreformdebatte dienen. Die Herausgabe einer Salomon Neumann Gesamtausgabe könnte sich daher als ein lohnenswertes Projekt erweisen.

Die Salomon Neumann-Medaille der Deutschen Gesellschaft für Sozialmedizin und Prävention (DGSMP)

Johannes Georg Gostomzyk, Gert von Mittelstaedt

Die Deutsche Gesellschaft für Sozialmedizin und Prävention (DGSMP) verleiht seit 1986 anlässlich ihrer Jahrestagungen eine Verdienstmedaille mit Urkunde an Personen oder Institutionen, die in Wissenschaft und Praxis die Anliegen der Sozialmedizin in besonderer Weise befördert haben. Die Medaille zeigt auf der Vorderseite eine Reliefdarstellung von Salomon Neumann (1819–1908) nach einem Portrait aus dem Jahre 1857. Auf der Rückseite ist seine richtungsweisende These »Medicin ist eine soziale Wissenschaft« zu lesen.

Der Heidelberger Physiologe Hans Schaefer erhielt 1986 als erster eine Salomon Neumann-Medaille. Mit der Gründung eines Instituts für Sozialmedizin an der Universität Heidelberg hat er 1962 den Grundstein für die Sozialmedizin in der Bundesrepublik gelegt. Schaefer gründete 1963 auch die Deutsche Gesellschaft für Sozialmedizin. Sein Anliegen war eine Neuordnung des Medizinstudiums unter Einbezug eines Faches Sozialmedizin. Das Fach wurde 1972 in die Bestallungsordnung für Ärzte aufgenommen. In Diskussionen, insbesondere mit den konservativ und naturwissenschaftlich ausgerichteten Fakultäten betonte Schaefer die naturwissenschaftliche Begründbarkeit sozialmedizinischer Theorien (H. Schaefer: Bekenntnisse und Erkenntnisse eines Wissenschaftlers, 1986, Ewald Fischer Verlag). Sozialmedizin wurde sozialpolitisch neutral als bevölkerungsbezogene Wissenschaft definiert, die sich mit den Wechselwirkungen zwischen Gesundheit, Krankheit und Gesellschaft in beiderlei Richtungen befasst. Ein historischer Bezug zur sozialen Medizin der zweiten Hälfte des 19. Jahrhunderts in Deutschland unterblieb. Deren damalige Vertreter hatten sich in ihrem praktischen und politischen Handeln angesichts eines verelendeten Proletariats an der Lösung der brennenden »sozialen Frage« orientiert und beteiligt.

Warum wurde erst Mitte der 80er Jahre in der DGSMP an den Berliner Armenarzt und Epidemiologen Salomon Neumann erinnert? Er war Weggefährte Rudolf Virchows, beide gehörten 1848 zu den radikal demokratischen Ärzten und engagierten sich später über Jahre als gewählte Abgeordnete in der Sozial- und Gesundheitspolitik.

Die frühen Jahre der Bundesrepublik waren geprägt vom Pragmatismus und wirtschaftlichen Erfolg, aber auch von restaurativem Handeln der alten Eliten in Verwaltung, Politik, Justiz und Wissenschaft. Eine kritische Auseinandersetzung mit der jüngeren Geschichte und den Verbrechen des nationalsozialistischen Deutschlands wurde zunächst weitgehend vermieden.

Das änderte sich Mitte der 80er Jahre. Der Bundespräsident Richard von Weizsäcker hielt im Bundestag seine weithin beachtete Rede zum 40. Jahrestag nach Kriegsende: »Der 8. Mai 1945 – 40 Jahre danach«: »Bei uns ist eine neue Generation in die politische Verantwortung hineingewachsen. Die Jüngeren sind nicht verantwortlich für das, was damals geschah. Aber sie sind verantwortlich für das, was in der Geschichte daraus wird«.
Als ein Bekenntnis zu dieser historischen Verantwortung ist die Stiftung der Salomon Neumann-Medaille der DGSMP 1986 unter ihrem seinerzeitigen Präsidenten Herbert Viefhues zu sehen. Die Medaille ist benannt nach einem Berliner Armenarzt, Medizinalstatistiker und Juden. Sie war ein Signal für die Rückbesinnung auf die deutsche Tradition einer sozialen Medizin. Sie war auch die überfällige Komplementierung der existierenden, dominant universitär orientierten Sozialmedizin angesichts der anwachsenden sozialen Ungleichheit in der Gesellschaft, verbunden mit ungleichen Gesundheitschancen. Gravierend sind dabei der ungleiche Zugang zu präventiven Leistungen und der Verweis auf die Bedeutung der Eigenverantwortung auch bei sehr ungleichen Voraussetzungen. Gesundheit ist Teil der Sozialpolitik moderner Sozialstaaten. Die Beteiligung am politischen Diskurs, insbesondere über Solidarität und Subsidiarität, sowie Politikberatung sind dabei Aufgaben auch für Sozialmediziner.

Seit Mitte der 1980er Jahre waren Sozialmediziner an der Wiederbelebung der deutschen Tradition der Gesundheitswissenschaften mit ihren Komponenten Sozialhygiene und Sozialmedizin beteiligt. Orientiert auch an der internationalen Entwicklung von New Public Health (WHO-Dokument Ottawa Charta 1986) wurden Entwicklung und Forschung der Gesundheitswissenschaften ab 1992 vom Bundesministerium für Bildung und Forschung (BMBF) über 10 Jahre finanziell gefördert. Die Grenzen der Finanzierbarkeit der Curation chronischer Krankheiten, die demographische Entwicklung und die ungünstige Entwicklung von Morbidität und Mortalität bei sozial benachteiligten Personengruppen verstärkten den Ruf nach Gesundheitsförderung, Prävention und öffentlicher Verantwortung für die Bevölkerungsgesundheit. Darauf wurde mit der Entwicklung der Gesundheitswissenschaften/Public Health und der Versorgungsforschung reagiert. In den Sozialversicherungen wurden den Sozialmedizinern der Medizinischen Dienste umfangreiche Beratungs- und Begutachtungsaufgaben zugeordnet.

Wirkungskreise der Sozialmedizin in der Gesellschaft

Salomon Neumann sah es als eine Pflicht der Gesellschaft, d.h. des Staates, Leben und Gesundheit der Bürger zu schützen und zu sichern. Der akuten medizinischen Unterversorgung armer Bevölkerungsteile in einem sich auf medizinal-polizeiliche Aufgaben beschränkenden Staat begegnet Neumann mit bürgerschaftlichem Engagement und organisierter Selbsthilfe. Die gesundheitliche Versorgung der Bürger ist durch die Gesetzliche Krankenversicherung heute weitgehend gesichert, durch einen niederschwelligen Zugang für die Versicherten. Aber die Frage nach der Solidarität in der Gesellschaft ist wieder hoch aktuell, wie die Epidemiologie der Kinder- und Altersarmut mit ihren Folgen für die Gesundheit zeigt.

Nach ihren primären Handlungsmotiven können drei Sektoren »unserer Gesellschaft mit kapitalistischer Marktwirtschaft« unterschieden werden, allerdings mit unscharfen Grenzen.

Der Staat als erster Sektor ist Produzent öffentlicher Güter und Dienstleistungen sowie staatlich gelenkter solidarischer Transferleistungen. Er orientiert sich an staatlicher Ordnungsfunktion und Bürgerloyalität. Der ökonomische Markt als zweiter Sektor richtet sich aus an Produktivität und Kaufkraft. Das primäre Motiv sind die jeweils eigenen Interessen. In diesem Paradigma gibt es keine Kooperation, sondern nur Wettbewerb, Konkurrenz und eigenorientierte Rationalität. Aber staatliche Ordnungsfunktion und ökonomische Effizienz reichen für eine humane Entwicklung nicht aus. Ohne eine vitale Zivilgesellschaft als dritten Sektor ist keine hohe Lebensqualität, ist keine soziale Stabilität und es ist auch keine private Zufriedenheit realisierbar. Das primäre

Motiv der Zivilgesellschaft ist die freiwillige Praxis der Kooperation und der Solidarität, d.h. soziales Engagement für Bedürftige ohne Verfolgung von Eigeninteressen (J. Nida-Rümelin »Die Optimierungsfalle: Philosophie einer humanen Ökonomie«, Irisana Verlag 2011).
Sozialmediziner agieren im ersten und dritten Sektor. Sie arbeiten in Einrichtungen der Gesetzlichen Sozialversicherungen, im öffentlichen Gesundheitsdienst, in Forschung und Lehre. Sie leben bürgerschaftliches Engagement in wissenschaftlichen Fachgesellschaften und Solidarität in Sozial- und Wohlfahrtsverbänden, in Bürgerinitiativen und Nachbarschaften. Sie stehen aber auch im Spannungsfeld der Gesundheitswirtschaft. Aus diesen sehr heterogenen Aufgabenbereichen berichten die Medaillenträger

Die Träger der Salomon Neumann-Medaille

Die Nominierung der Kandidaten für die Salomon Neumann-Medaille trifft der Vorstand der DGSMP, ausgehend von eigenen oder an ihn herangetragenen Vorschlägen. Er ehrt Verdienste um die Sozialmedizin und macht auf wichtig erscheinende aktuelle Themen und Entwicklungen der Sozialmedizin aufmerksam.
Jeder Medaillenkandidat wird sich folgenden Fragen stellen: Wer war Salomon Neumann? Warum werde ich von der DGSMP ausgezeichnet? Gibt es Bezüge zwi-

schen meiner Arbeit, den von mir vertretenen Positionen und den grundsätzlichen Thesen von Salomon Neumann? Nach der öffentlichen Verleihung der Medaille im Rahmen der wissenschaftlichen Jahrestagung der DGSMP antwortet der Ausgezeichnete mit einem Vortrag, in dem er Erkenntnisse aus seiner Arbeit mit historischem und gesellschaftlichem Orientierungswissen und eigenen Wertvorstellungen verknüpft.

Seit 1991 werden die Reden der Medaillenträger in der Regel in der wissenschaftlichen Zeitschrift »Das Gesundheitswesen« (Thieme Verlag, Stuttgart), seit 1990 Organ der DGSMP, abgedruckt. Die Texte der ersten 5 Persönlichkeiten fehlen: H. Schaefer 1986, F. Epstein 1987, J. E. Asvall 1988, W. Holland 1989, H. Viefhues 1990. Aus ihrer wissenschaftlichen Praxis kann auf epidemiologische Aussagen über die Verteilung koronarer Herzkrankheiten auf Bevölkerungsebene und über Erkenntnisse zum Risikofaktorenkonzept, zur Entstehung chronischer Krankheiten und zur Früherkennung geschlossen werden.

Im folgenden Kapitel wird versucht, die einzelnen Medaillenträger, deren Referate abgedruckt wurden, mit ihrem Wirken und einer Kernaussage dem Leser etwas näher zu bringen. Ihre Referate werden hier nach inhaltlichen Gesichtspunkten zwei Themenkreisen zugeordnet, unabhängig vom Datum (Jahreszahl) der Ehrung. In einem ersten Abschnitt werden die Referate mit den Schwerpunkten Sozialmedizin in Wissenschaft und

Gesellschaft angesprochen, die Referate des zweiten Abschnittes konzentrieren sich auf Sozialmedizin und Versorgungsgeschehen in Prävention, Curation und Rehabilitation.

Sozialmedizin und Solidarität in Wissenschaft und Gesellschaft

G. A. Rose (1991) erhält die Medaille für seine Verdienste um die Förderung von Epidemiologie und Prävention in beiden Teilen Deutschlands.
Sein Vortrag »The Role of Government in Preventive Medicine« kommt zu dem Schluss: »The main underlying determinants of disease are economic and social and therefore their remedies must also be economic und social. Medicine, health and politics cannot and should not be kept apart.«

F. Hartmann (1992): Die Medaille wurde ihm in Würdigung seiner Verdienste um die Gründung der Deutschen Gesellschaft für Sozialmedizin und die akademische Entwicklung des Faches in enger Verbindung mit der klinischen Medizin zuerkannt.
Sein Vortragsthema war »Sozialmedizin: Warum – Wie – Wozu? (Sozialmedizin und Anthropologie)«. Aus der Beschäftigung mit chronisch Kranken erarbeitete er das Konzept des »gelingenden bedingten Gesundseins«. Des-

sen Bedingungen sind sowohl persönlich wie gesellschaftlich und damit Gegenstand der Sozialmedizin.

H. Häfner (1994) wird geehrt als ein interdisziplinär ausgerichteter Psychiater, der Epidemiologie und Public Health auch außerhalb der Psychiatrie fruchtbar befördert hat.

In seinem Vortrag »Psychiatrische Aspekte der öffentlichen Gesundheitspflege« berichtete er über den Umbruch in der psychiatrischen Versorgung im Gefolge der Psychiatrie Enquete von 1975 und die steigende Inanspruchnahme von Gesundheitsleistungen wegen psychischer Störungen. Er sieht Grenzen der Finanzierbarkeit des Gesundheitswesens und des Gesundheitsverhaltens als individuelle Bringschuld. »Dieses solidarische Ethos, das den einzelnen ebenso wie den Staat in einem freiheitlichen, demokratischen Gemeinwesen binden muss, ist in unseren Tagen nicht mehr allein von politischen, wirtschaftlichen oder administrativen Partikularinteressen, sondern zunehmend von einer antisolidarischen, individualistischen Kultur rücksichtsloser Eigeninteressen bedroht. Ihr gilt es im Interesse von Gesundheit und sozialer Sicherheit energisch entgegenzutreten«.

F. W. Schwartz (1996) wurde ausgezeichnet für seine Verdienste um die Sozialmedizin, insbesondere um die Förderung einer solidarischen Gesundheitssicherung durch wissenschaftliche Vorträge und Politikberatung sowie die Stärkung von Public Health und Versorgungsforschung.

In seinem Vortrag »Sozialmedizinische Überlegungen zum Gesundheitswesen im Wandel« kam er für die Sozialmedizin als wissenschaftliche Disziplin zu folgenden Schlussfolgerungen: Sozialmedizin als bevölkerungsmedizinische Disziplin mit dem Ziel »Egalité« in der Gesundheitsversorgung muss sich in die Politik einmischen. Sozialmedizin als empirische Wissenschaft muss Mythen und Vorurteile wissenschaftlich überprüfen und ggf. widerlegen.

K. Dörner (1997): Die DGSMP ehrt den Mitbegründer der sozialpsychiatrischen Bewegung in Deutschland und der Deutschen Gesellschaft für Sozialpsychiatrie.

Aus der Rede: Ausgehend von dem Neumann-Satz von der Medizin als sozialer Wissenschaft sollten die Fachvertreter den für die zu versorgenden Menschen bitter nötigen Anspruch erheben, dass Sozialmedizin / Medizinsoziologie die Grundlagenwissenschaften der Medizin seien. Ärzte müssen heute verstehen: Das etwa 100-jährige relative Gleichgewicht von Ökonomie und Sozialem ist irreversibel zerstört. Der Dynamik der »Ökonomisierung des Sozialen« steht nicht mehr eine entsprechende Dynamik der »Sozialisierung der Ökonomie« (soziale Marktwirtschaft, Sozialstaat) gegenüber. Neue Formen der Solidarität zwischen Starken und Schwachen sind zu erkämpfen. Die weltweite Selbsthilfebewegung chronisch kranker oder behinderter Menschen hat das Potential zum Gegengewicht gegen die neue Ökonomisierung des Sozialen.

G. Fülgraff (1998): Die Ehrung erfolgt in Würdigung außerordentlicher Leistungen in den Bereichen Gesundheitssystemforschung, Umweltmedizin und seines Engagements für Gesundheitswissenschaften / Public Health. Er hat Wissenschaft und Politik miteinander verbunden und steht damit in der Tradition Salomon Neumanns.
Fazit des Vortrages: »Nehmen wir also von Solomon Neumann mit, dass die soziale Frage die Kernaufgabe von Public Health ist, und dass Rechtfertigung und Erfolg des Forschens und Arbeitens in Public Health an dieser Herausforderung zu messen ist.«

I. Kickbusch (2000): Die Verleihung erfolgt in Würdigung ihrer Verdienste um die Gesundheitsförderung und die internationale Gesundheitspolitik.
Aus ihrem Vortrag: »Gesundheitswissenschaft und Gesundheitsberufe müssen verstärkt dafür eintreten, dass das Soziale als wichtiger und legitimer Teil der Gesundheitspolitik gesehen wird, so wie es die großen Public Health –Reformer des 19. und frühen 20. Jahrhunderts taten. Die soziale Gesundheitsforschung zeigt uns deut-

lich drei zentrale Bestimmungsfaktoren für Gesundheit auf und damit drei große Interventionsbereiche für Lebensqualität und Wohlbefinden: soziale Ungleichheit, Sozialkapital und soziale Kohärenz. Es gilt, sich einzumischen: ›Das Soziale ist manchmal die beste Medizin.‹«

J. Siegrist (2001): Die DGSMP verleiht die Salomon Neumann-Medaille dem herausragenden Repräsentanten der Medizinsoziologie in unserem Lande.
Sein Thema »Soziales Kapital und Gesundheit« ist nicht nur wissenschaftlich aktuell und kontrovers, sondern es verweist auch auf das politische Spannungsfeld, in welchem Forschung sich ereignet. Es erinnert uns an die politische Verantwortung, der wir uns als Forscher zu stellen haben, eine Verantwortung, der zu seiner Zeit Salomon Neumann auf vorbildliche Weise nachgekommen ist.

R. Brennecke (2003): Die Verleihung der Salomon Neumann-Medaille erfolgte in Anerkennung seiner langjährigen gestaltenden Arbeit im Vorstand der DGSMP. Sein besonderes Engagement galt der Lehre im Fach Sozialmedizin in der Aus- und Weiterbildung.
Sein Vortrag »Perspektiven der Sozialmedizin« ist eine kritisch-konstruktive Analyse dieser aktuellen Situation der Sozialmedizin, bezogen auf ihren schwierigen Stand in den medizinischen Fakultäten gegenüber Fächern mit

Versorgungsauftrag in der Individualmedizin, aus der Perspektive eines engagierten universitären Fachvertreters.
Fazit: Sozialmedizin muss nützlich sein für Bürger, für ihre Gesundheitsversorgung, in Kommunen. Sozialmedizin sollte sich stärker auch Lebensverlaufsuntersuchungen zuwenden. Sie braucht einen starken Bezug zu anderen (medizinischen) Fächern und zur Praxis, die andere Inhalte habe als die Hochschul-Sozialmedizin.

J. G. Gostomzyk (2007): Die Medaille ist Ausdruck der Anerkennung des Engagements in Sozialmedizin und Prävention sowie in der DGSMP im Vorstand und als Präsident und Ehrenpräsident mit der Intention, der Medizin ihre Bedeutung als soziale Wissenschaft in Forschung, Lehre und Praxis zu festigen.
Aus dem Vortrag: Sozialmedizin muss, insbesondere aus ihrer historischen Verpflichtung als soziale Medizin, auch in der Prävention eine überzeugende Antwort auf die Frage nach ihrer Nützlichkeit geben können. Wie können Sozialmediziner gesundheitsbezogene Prävention bei Menschen in prekären Lebenslagen noch stärker als bisher fördern und damit ein Gegengewicht zur Demotivation gegenüber der eigenen Gesundheit aufbauen? Neben der Verbesserung der Compliance für die Inanspruchnahme etablierter Vorsorgeangebote ist die Kooperation mit den Sozialverbänden zu suchen, um die

Erkenntnisse aus Praxis und Wissenschaft gesundheitsbezogener Prävention in neue Sozialprojekte zu integrieren, um die Gesundheitschancen betreuter Menschen zu verbessern. Dazu sind Gesundheits- und Sozialpolitik noch besser aufeinander abzustimmen.

A. Trojan (2009): Als Sozialmediziner und Soziologe verbindet er in vorbildlicher Weise Lehre, Forschung und Praxis, in Prävention und Gesundheitsförderung, insbesondere in den Bereichen Gesundheitssicherung, Stadtentwicklung und Gesundheit sowie Nutzerorientierung und Selbsthilfe.
Das Vortragsthema heißt »Solidaritäten im Wandel von Gesellschaft und Gesundheitswesen«. Solidarität ist das Gegenkonzept zum »Markt« als dem heute alle gesellschaftlichen Bereiche durchdringenden Organisationskonzept. »So wie Salomon Neumann mit der Arbeiterbewegung fühle ich mich mit den ›Neuen sozialen Bewegungen‹, insbesondere der Gesundheitsbewegung verbunden. Meinerseits sehe ich eine gewisse Parallelität zu Neumann, und zwar in dem Punkt der engen Verknüpfung von wissenschaftlicher Analyse und Aufklärungsarbeit mit praktisch-politischer Anwendung«.

In den Jahren **2010** und **2011** wurden erstmals zwei Medaillen vergeben.

H. Tempelman (2010): Die Verleihung der Salomon Neumann-Medaille würdigt die Tätigkeit als Ärztlicher Direktor des Ndlouvu Medical Centre in Moutse, Südafrika und die innovative Arbeit im Bereich Armutsbekämpfung und Gemeindeentwicklung.

Deutsche AIDS-Hilfe (2010): Der 1983 gegründete Bundesverband der regionalen AIDS-Hilfen mit über 120 Mitgliedsorganisationen wird ausgezeichnet für die von ihm angestoßenen Innovationen in der Prävention von Infektionskrankheiten und in der Gesundheitspolitik. Dazu gehören das Erstarken der Selbsthilfe, die innovative »gesellschaftliche Lernstrategie« statt individueller Suchstrategien im Umgang mit HIV/AIDS und die Solidarität mit Betroffenen.

U. Maschewsky-Schneider (2011): Die Verleihung erfolgt in Würdigung ihrer Verdienste in der Frauengesundheitsforschung, insbesondere für eine transparente und frauenspezifische Gesundheitsberichterstattung auf lokaler und nationaler Ebene. Ferner wird ihr Engagement für die Gesundheitswissenschaften / Public Health gewürdigt.

Bundesverband der Frauengesundheitszentren (2011): Der Verband hat Grundsätze der Selbstbestimmung umgesetzt. Er steht für die gesundheitsbezogene Anwaltschaft, die es weiterhin für Frauen und ihre Gesundheit in dieser Gesellschaft braucht.

Fazit: Frauenforschung ist parteiliche Forschung von Frauen für Frauen. Wissenschaftliche Frauenforschung versteht sich als Mittel zur Veränderung der gesellschaftlichen Stellung und persönlichen Lebenssituation von Frauen. Was macht Frauen krank? Die Antwort ist u.a. ausgerichtet auf Fragen der sozial bedingten Ungleichheit und damit auf unsere Verpflichtung als Wissenschaftler und Wissenschaftlerinnen, dem Prinzip der sozialen Gerechtigkeit zu folgen.

Sozialmedizin: Prävention, Versorgung, Rehabilitation

J. Halhuber (1993) erhielt die Auszeichnung als Pionier der sozialmedizinisch orientierten Rehabilitationspraxis im Bereich der Herz-Kreislaufkrankheiten in Anwesenheit der Träger der Salomon Neumann-Medaille H. Schaefer (1986), F. Epstein (1987) und H. Viefhues (1990).

Halhuber führt aus: Präventivkardiologie beschäftigt sich mit der Früherkennung von Herz-Kreislauf-Störungen. Ein besonderes Anliegen sind ihm Primär- und

Sekundärprävention. Dabei ist das Lebensstilkonzept der WHO heute aktueller denn je. Unsere schwierigste Aufgabe ist die Umsetzung der Erkenntnisse aus Untersuchungen in den Alltag von Praxis, Lehre und Forschung.

K.-A. Jochheim (1995) wurde für seine Verdienste um die Entwicklung des Faches Rehabilitation ausgezeichnet.
Als Resümee seiner Arbeit wurden vier Leitgedanken formuliert: Rehabilitation ist einem ethischen Leitgedanken verpflichtet. Rehabilitation ist ärztliche Hilfe zur Selbsthilfe, ist Teamarbeit und ist ein integraler Prozess. Zweck ist die bestmögliche Eingliederung bzw. Wiedereingliederung in Familie, Beruf, Arbeit und Gesellschaft.

H.-K. Selbmann (1999): Die DGSMP ehrt ihn für seine Leistungen in der Versorgungsforschung, der angewandten Epidemiologie und der Qualitätssicherung im deutschen Gesundheitswesen und damit für seine Beiträge zu einer sozial verantwortlichen und sozial verantworteten Medizin.
Fazit: Sein Vorschlag lautet: Qualitätsmanagement eröffnet dem »sozialmedizinischen Forscher« neue Forschungsfelder, von der Methodenforschung über die Umfeld- und Anreizforschung bis hin zur forschenden Begleitung der Veränderungen im Gesundheitswesen. Es

war ihm ein Anliegen zu verdeutlichen, dass in Abwandlung des Leitspruches der Salomon Neumann-Medaille »nicht nur die Medizin, sondern auch die Medizinische Informationsverarbeitung und das Qualitätsmanagement soziale Wissenschaften« sind.

K. H. Haak (2003): Er ist Mitglied des Deutschen Bundestages und Beauftragter der Bundesregierung für Belange behinderter Menschen. Die DGSMP ehrt ihn für seine Verdienste um die Integration behinderter Menschen sowie in der Rehabilitations- und Behindertenpolitik.
Fazit: Das Ziel der Behindertenpolitik sollte die Ablösung des Fürsorgegedankens durch den Gedanken der Selbstbestimmung und Teilhabe am Leben der Gesellschaft sein.
»Ein Umdenken im Gesundheitswesen aus der Perspektive kranker und behinderter Menschen ist notwendig und ich bin sicher, dass durch diesen Perspektivenwechsel nicht nur diese Menschen auch eine verbesserte Gesundheitsversorgung erfahren werden, sondern auch nicht behinderte Menschen im Rahmen des ganzheitlichen Gesundheitsbegriffs besser und zufriedener versorgt werden können.«

F. Schliehe (2004) wurde geehrt für seine Verdienste um die Belange der Sozialmedizin in der gesetzlichen Ren-

tenversicherung. Zentrales Element seines Wirkens ist die wissenschaftliche Forschung in der Rehabilitation als Grundlage für Weiterentwicklungen und Verbesserungen ihrer Strukturen, Prozesse und Ergebnisse.
Vortrag: Wichtiges Anliegen sei die Stärkung der Versicherten- und Patientenbelange, z. B. durch aktives Einbinden der Versicherten in einen für ihn transparenten Begutachtungsprozess. Qualitätsentwicklung, Leitlinienentwicklung, standardisierte Assessments und Evidenzbasierung stärken die Position von Sozialmedizin. Selbstbestimmung beinhaltet immer auch die Berücksichtigung des Subjektiven und Individuellen. Trotz aller Objektivierungsprozesse muss deshalb dafür auch weiterhin ein ausreichender Raum bleiben.

Gemeinsamer Bundesausschuss (GBA) (2006): Erstmals wurde die Salomon Neumann-Medaille an eine Institution verliehen. Der G-BA wurde ausgezeichnet für seine außerordentlichen Verdienste um die Evidenzbasierte Medizin (EbM).
Vortrag: »Abbau von Innovationsbarrieren«. Gremien wie der G-BA sprechen durch ihre Beschlüsse. »Evidenzbasierte Medizin und Health Technology Assessment sind für sich genommen eine maßgebliche Innovation in der Regulierung gesundheitsbezogener Dienstleistungen.« (N. Schmacke).

P. C. Scriba (2008): Die DGSMP ehrt einen herausragenden Kliniker mit bevölkerungswirksamen Verdiensten um die Primärmedizin: Jodprophylaxe als Beispiel für vermeidbare Krankheiten. Sein hohes Engagement gilt der Politikberatung im Sachverständigenrat, in der Bundesärztekammer und in zahlreichen Ausschüssen.

Sein Vortrag »Public Health und Versorgungsforschung: Herausforderungen zwischen Praxis und Politik« befasst sich mit der Situation von Public Health, Politikberatung, Versorgungsforschung sowie Qualitätssicherung durch Nutzung von Routinedaten.

»Die Erfolge des Arbeitskreises Jodprophylaxe sind vor allem einer intensiven und professionellen Öffentlichkeitsarbeit zu verdanken. Wiederholung ist für Wissenschaftler kein Originalitätskriterium, aber für ›Public-Relation-Profis‹ ist Wiederholung eine Primärtugend.«

Perspektive

Die DGSMP verleiht seit 1986 die Salomon Neumann-Medaille für besondere Verdienste um die Sozialmedizin. Ihrer Bedeutung nach ist sie aber nicht nur Verdienstmedaille. Sie erinnert auch und dokumentiert die Anknüpfung der Sozialmedizin in der Bundesrepublik Deutschland an die Tradition der vorbildlichen Leistungen der Sozialen Medizin des 19. und des 1. Drittels des 20. Jahrhunderts in Deutschland. Diese Tradition wurde durch die Periode der nationalsozialistischen Herrschaft unterbrochen.

Die jährliche Verleihung der Medaille anlässlich der wissenschaftlichen Jahrestagungen der DGSMP bietet die Gewähr dafür, dass die jeweils aktuelle Entwicklung der Sozialmedizin ihren historisch begründeten und bewährten festen Bezugspunkt »Medizin ist eine soziale Wissenschaft« als Leitmotiv nicht aus ihrem Blick verliert.

Prof. Dr. med. Johannes Georg Gostomzyk,
Präsident der DGSMP 1990 bis 2004, Ehrenpräsident

Dr. med. Gert von Mittelstaedt,
Präsident der DGSMP seit 2010

Preisträger:
2011 Prof. Dr. phil. Ulrike MASCHEWSKY-SCHNEIDER und der Bundesverband der Frauengesundheitszentren e.V.
2010 Dr. Hugo TEMPELMAN, Groblersdal (Südafrika) u. die Deutsche AIDS-Hilfe
2009 Prof. Dr. med. Dr. phil. Alf TROJAN, Hamburg
2008 Prof. Dr. med. Dr. h. c. Peter C. SCRIBA, München
2007 Prof. Dr. med. J. G. GOSTOMZYK, Augsburg
2006 Gemeinsamer Bundesausschuss, Siegburg
2005 keine Preisverleihung
2004 Dr. Ferdinand SCHLIEHE, Osnabrück
2003 Prof. Dr. rer. pol. Ralph BRENNECKE, Berlin
2002 Dr. Karl Hermann HAACK, Berlin
2001 Prof. Dr. Johannes SIEGRIST, Düsseldorf
2000 Prof. Dr. phil. Ilona KICKBUSCH, New Haven
1999 Prof. Dr. rer. biol. hum. Hans-Konrad SELBMANN, Tübingen
1998 Prof. Dr. med. Georges FÜLGRAFF, Berlin
1997 Prof. Dr. Dr. Klaus DÖRNER, Gütersloh
1996 Prof. Dr. med. Friedrich Wilhelm SCHWARTZ, Hannover
1995 Prof. Dr. med. Kurt-Alfons JOCHHEIM, Erftstadt
1994 Prof. Dr. Dr. h.c. Heinz HÄFNER, Mannheim
1993 Prof. Dr. med. Max Josef HALHUBER, Bad Berleburg
1992 Prof. Dr. med. Fritz HARTMANN, Hannover
1991 Prof. Dr. Geoffrey A. ROSE, London
1990 Prof. Dr. med. Herbert VIEFHUES, Bochum
1989 Prof. Dr. med. Dr. h.c. Walter HOLLAND, London
1988 Dr. med. Jo Eirik ASVALL, Kopenhagen
1987 Prof. Dr. med. Dr. med. h.c. Frederick H. EPSTEIN, Zürich
1986 Prof. Dr. med. Dr. h.c. Hans SCHAEFER, Heidelberg

Anmerkungen

1 Vier Beispiele über die Einstülpung der Eingeweide.
2 Die J. Neumann Cigarren- und Tabakfabriken wurden 1922 in eine Aktiengesellschaft umgewandelt. Nach der Arisierung im Jahr 1941 firmierte sie unter Gildemann Cigarrenfabriken AG.
3 NEUMANN, Hugo (Bearb.): *Handausgabe des Bürgerlichen Gesetzbuchs für das Deutsche Reich. Unter Berücksichtigung der sonstigen Reichsgesetze und der Gesetzgebungen aller Bundesstaaten insbesondere Preußens für Studium und Praxis*, 3 Bände in 6 Büchern, Berlin ^{6}1912. Die erste Auflage war 1899 publiziert worden.
4 Emma Hurwitz (1852–1931) war die Tochter von Amalies jüngerem Bruder Moritz Hurwitz. Emma heiratete den Kaufmann und Hausbesitzer Siegfried Brünn (1838–1916). Das Wohnhaus der Brünns in der Kurfürstenstraße 126 war seit 1895 auch die Wohnadresse von Amalie und Salomon Neumann. Ein weiteres Geschwisterkind Amalies war der Mathematiker Adolf Hurwitz (1859–1919), ein Sohn ihres ältesten Bruders Salomon Hurwitz.
5 Meyer nahm in Riga wieder die lettische Schreibweise seines Familiennamens an: Meiers.
6 Paul Singer war Textilfabrikant, seit 1883 Berliner Stadtverordneter und seit 1890 Ko-Vorsitzender der Sozialdemokratischen Partei Deutschlands.
7 Ein Armenarzt in Berlin erhielt zu dieser Zeit 200 Taler pro Jahr, oder umgerechnet 5–6 Pfennige Honorar pro Visite.
8 Der Gesundheitspflegeverein zahlte seine Ärzten pro Patientenbesuch 9 Pfennige Honorar. Das Jahreseinkommen eines Vereinsarztes betrug etwa 150 Taler.
9 Die Preussische Lebens-Versicherungs AG wurde 1865 gegründet und fusionierte 1923 der Berlinischen Lebensversicherung. 1998 übernahm der niederländische Finanzdienstleister Delta Lloyd NV die Gesellschaft. Seit 2006 firmiert sie unter dem Namen Delta Lloyd Lebensversicherung AG mit Sitz in Wiesbaden.
10 NEUMANN, *Öffentliche Gesundheitspflege und das Eigenthum*: 25.

11 »Statut«, zitiert in: KARBE, *Salomon Neumann*: 158–164.
12 Im Königreich Preußen wurden Kommunalvertretungen zwischen 1853 und 1918 nach dem sogenannten Drei-Klassen-Wahlrecht gewählt. Neumann wurde von der 2. Wählerabteilung gewählt.
13 SILBERGLEIT, *Das Statistische Amt*: 27.
14 1862 besaßen nur 48.890 männliche Berliner das kommunale Wahlrecht. GRZYWATZ, *Stadt Bürgertum Staat*: 1132.
15 Neumann blieb dem Kongress ebenso wie die anderen, nicht-beamteten liberalen Berliner Stadtverordneten fern. Sie protestierten damit gegen die Einschränkung der Pressefreiheit durch Bismarck im Zusammenhang mit dem preußischen Verfassungskonflikt im Sommer 1863.
16 NEUMANN, *Sectionsbericht*: 21.
17 TREITSCHKE, Theodor: »*Unsere Aussichten*«, in: KRIEGER, *Berliner Antisemitismusstreit*, 7–16, hier: 14.
18 MOMMSEN, Theodor: »*Auch ein Wort über unser Judenthum*«, in: KRIEGER, *Berliner Antisemitismusstreit*, 697–709, hier: 699.
19 NEUMANN, *Kristeller*: 416.
20 Kristeller war wie Neumann Mediziner. Seit 1882 war er Präsident des Deutsch-Israelitischen Gemeindebundes.
21 ZUNZ, Leopold: *Gesammelte Schriften. Hrsg. vom Curatorium der Zunzstiftung*, 3 Bände, Berlin 1875–1876.
22 GStA Rep 76, Vc Sekt. 2 Tit XI, Nr. 35 und LAB A PR. Br. Rep. 030, Nr. 17518.
23 LAB A Pr. Br. Rep. 057, Nr. 363.
24 ZGBA, Aktenzeichen Bln.-Treptow, Band 19, Bl. Nr. 668.
25 Lewi ben Gerson, latinisiert: Gersonides (1288–1344), war Mathematiker, Philosoph, Astronom und Talmud-Gelehrter. Er gilt neben Maimonides als der bedeutendste mittelalterliche Philosoph des Judentums.
26 LAB A Pr. Br. Rep. 030, Nr. 17518.
27 LAB A Pr. Br. Rep. 057, Nr. 363. Siehe auch: *50. Bericht für die Lehranstalt für die Wissenschaft des Judentums*, Berlin 1936, 3. Die Berichte der Hochschule/Lehranstalt sind inzwischen online verfügbar unter: http://www.compactmemory.de

Quellen und Literatur

Ein Nachlass von Salomon Neumann existiert nicht. Deshalb bin ich Salomon Neumanns Verwandten äußerst dankbar, besonders Olivia Landsberg in Großbritannien und David Neumann in den USA, die mir viele wertvolle Informationen und Fotografien zur Verfügung gestellt haben.
Archivalische Quellen, die Neumann betreffen, sind über die ganze Welt verstreut. Zwei Aktenbestände, die ich bisher leider nicht einsehen konnte, befinden sich in Moskau und Jerusalem: Der Bestand P 52 (Sammlung S. Neumann) in den Central Archives for the History of the Jewish People Jerusalem sowie der Fond 1194 (Gesamtarchiv der deutschen Juden, Sammlung Neumann) im Russischen Staatlichen Militärarchiv in Moskau. (Nähere Informationen zum Fond im Internet unter: http://www.sonderarchiv.de/fonds/fond1194.htm).

Verwendete Archivalien

Geheimes Staatsarchiv Preußischer Kulturbesitz, Berlin (GeStA/PK):
  GeStA/PK, Rep 76, Vc Sekt. 2 Tit XI, Nr. 35.
Landesarchiv Berlin (LAB):
  LAB A Pr. Br. Rep. 030, Nr. 17518.
  LAB A Pr. Br. Rep. 057, Nr. 363.
Leo Baeck Institute New York /Jüdisches Museum Berlin:
  L.B.I. Archives, N.Y., Salomon Neumann Collection AR 3667.
  L.B.I. Archives, N.Y., Collection Neumann Family Pyritz AR 4606.
  L.B.I. Archives, N.Y., Perles Collection AR 4884.
  L.B.I JMB MF 447, Jacob Jacobson Collection.
Senckenbergisches Institut für Geschichte und Ethik der Medizin Frankfurt am Main:
  Nachlass von Alfons Fischer – Briefwechsel mit Elsbeth Meyer-Neumann.

Staatsbibliothek zu Berlin:
    Handschriftenabteilung, Dep. 42 (Archiv des Verlages de Gruyter), R1, Neumann, Salomon.
Zentrales Grundbucharchiv Berlin (ZGBA):
    ZGBA, Aktenzeichen Bln.-Treptow, Band 19, Bl. Nr. 668.

Literaturhinweise

BAADER, Gerhard: »Salomon Neumann«, in: TREUE, Wilhelm; WINAU, Rolf (Hrsg.): Berlinische Lebensbilder, Band 2 – Mediziner, Berlin 1987, 151–174.

BÖCKH, Richard: »Salomon Neumann«, in: STATISTISCHES JAHRBUCH DER STADT BERLIN, 24 (1899), III–VII.

COHEN, Hermann: »Salomon Neumann. Gedächtnisrede«, in: BERICHT DER LEHRANSTALT FÜR DIE WISSENSCHAFT DES JUDENTUMS, 27 (1909), 41–62.

JAHRBUCH FÜR DAS DEUTSCHE VERSICHERUNGSWESEN, Berlin 1884–1893.

DIE MEDICINISCHE REFORM. EINE WOCHENSCHRIFT, erschienen vom 10. Juli 1848 bis zum 29. Juni 1849, Reprint Berlin 1983.

GRZYWATZ, Berthold: Stadt, Bürgertum und Staat im 19. Jahrhundert, Berlin 2003.

HACKING, Ian: The Taming of Chance, Cambridge 1990.

KARBE, Karl-Heinz: Salomon Neumann 1819–1908. Wegbereiter sozialmedizinischen Denkens und Handelns. Ausgewählte Texte, Leipzig 1983.

KRIEGER, Karsten (Bearb.): Der »Berliner Antisemitismusstreit« 1879–1881. Eine Kontroverse um die Zugehörigkeit der deutschen Juden zur Nation. Kommentierte Quellenedition, 2 Bände, München 2003.

MEIERS, Joseph: »Autobiography«, in: JOURNAL OF INDIVIDUAL PSYCHOLOGY, 37 (1981), 205–226.

MEIERS, Annie Dix: Reminders and Remembrances of Joseph Immanuel Meiers, M.D., New York 1990.

MEYER, Bernhard: Salomon Neumanns Reformvorschläge im Vormärz, in: BERLINISCHE MONATSSCHRIFT, 7 (1998), Heft 1, 93-96.

MEYER-NEUMANN, Elsbeth: »S. Neumanns Wirksamkeit auf dem Gebiete der Sozialhygiene«, in: SOZIALHYGIENISCHE MITTEILUNGEN. ZEITSCHRIFT FÜR GESUNDHEITSPOLITIK UND -GESETZGEBUNG, 17 (1933), 14-19.

MOHAJERI, Shahrooz: 100 Jahre Berliner Wasserversorgung und Abwasserentsorgung 1840-1940, Stuttgart 2005.

MÜNCH, Ragnhild: Gesundheitswesen im 18. und 19. Jahrhundert. Das Berliner Beispiel, Berlin 1995.

REGNERI, Günter: »Salomon Neumann's Statistical Challenge to Treitschke«, in: LBIYB, 43 (1998), 129-153.

REUTER, Ursula: Paul Singer 1841-1911. Eine politische Biographie, Düsseldorf 2004.

SCHAGEN, Udo; SCHLEIERMACHER, Sabine (Hrsg.): 100 Jahre Sozialhygiene, Sozialmedizin und Public Health in Deutschland, Berlin 2005.

SIEGMANN, Eckart: Salomon Neumann und die Sozialmedizin, Bochum 1988.

SILBERGLEIT, Heinrich (Hrsg.): Das Statistische Amt der Stadt Berlin 1862-1912, Berlin 1912.

STENOGRAPHISCHE BERICHTE ÜBER DIE ÖFFENTLICHEN SITZUNGEN DER STADTVERORDNETEN-VERSAMMLUNG DER HAUPT- UND RESIDENZSTADT BERLIN, Berlin 1 (1874) - 32 (1905).

WINAU, Rolf: Medizin in Berlin, Berlin 1987.

Schriften von Salomon Neumann

Es lassen sich mehr als 70 Monographien, Buchbeiträge, Zeitschriftenartikel und Rezensionen Salomon Neumanns nachweisen. Aus Platzgründen enthält die folgende Auflistung alle seine Monographien und Separatdrucke, aber nur diejenigen Zeitschriftenartikel, aus denen im Text zitiert wird:

- Intussusceptionis intestinorum quatur exempla. Dissertatio inauguralis medica, Halle 1842.
- Die öffentliche Gesundheitspflege und das Eigenthum. Kritisches und Positives mit Bezug auf die preußische Medizinalverfassungs-Frage, Berlin 1847.
- Zur medizinischen Statistik des preußischen Staates. Nach den Akten des statistischen Bureaus für das Jahr 1846, Berlin 1849.
- Die Berliner Syphilisfrage. Ein Beitrag zur öffentlichen Gesundheitspflege Berlins, Berlin 1852.
- Der Arzneiverbrauch in der städtischen Armenkrankenpflege Berlins, Berlin 1855.
- Die Berliner Volks-Zählung vom 3. December 1861. Bericht der städtischen Central-Commission für die Volks-Zählung über die Mitwirkung der Commune an der Zählungs-Ausführung und deren Resultate, Berlin 1863.
- »Sectionsbericht über den Abschnitt Organisation der Volkszählung und Volksbeschreibung«, Berichterstatter Salomon NEUMANN, in: Internationaler Statistischer Congreß in Berlin: Programm der Fünften Sitzungsperiode 6. bis 12. September 1863, Berlin 1863, 17–23.
- Die Berliner Volks-Zählung vom 3. December 1864. Bericht der städtischen Volks-Zählungs-Commission über die Ausführung und die Resultate der Zählung, Berlin 1866.
- Das Sterblichkeitsverhältnis in der Berliner Arbeiterbevölkerung nach den in den Genossenschaften des Gewerkskrankenvereins 1861–1863 vorkommenden Todesfällen, Berlin 1866.

- Die Fabel von der jüdischen Masseneinwanderung. Ein Kapitel aus der preußischen Statistik, Berlin 1880.
- Nachschrift zur Fabel von der jüdischen Masseneinwanderung, enthaltend: I. Antwort an Herrn Adolf Wagner, II. Herr Heinrich v. Treitschke und seine jüdische Masseneinwanderung, III. Die Antwort des königlich preussischen statistischen Büreaus, Berlin 1881.
- Die neueste Lüge über die israelitische Allianz, ein Probestück aus der antisemitischen Moral, Berlin 1883.
- Zur Statistik der Juden in Preussen von 1816 bis 1880. Zweiter Beitrag aus den amtlichen Veröffentlichungen, Berlin 1884.
- Der Hilfsverein für jüdische Studierende in Berlin von 1841 bis 1891. Ein Bericht über seine 50jährige Wirksamkeit erstattet im Auftrage des Vorstandes unter Mitwirkung des Schriftführers Dr. Abraham, Berlin 1891.
- »Philosemitische Eulenspiegeleien oder antisemitische Wahrheitsliebe«, in: ALLGEMEINE ZEITUNG DES JUDENTUMS 1892, 122–124.
- Zum 25jährigen Jubiläum der Lehranstalt für die Wissenschaft des Judenthums. Ansprache des Vorsitzenden des Kuratoriums Dr. S. Neumann zur Eröffnung der Festfeier im Saale des Brüdervereins am 27. Mai 1897, Berlin 1897.
- »Dr. Samuel Kristeller. Zum Gedächtniß«, in: ALLGEMEINE ZEITUNG DES JUDENTUMS 1903, 414–417.

Abbildungsnachweise

Olivia Landsberg – Nachlass Joseph I. Meiers: 11, 12, 13, 41
OST UND WEST, Jahrgänge 7 (1907) und 12 (1911): 28, 44
Lehranstalt für die Wissenschaft des Judentums: Festschrift zur Einweihung des eigenen Heims, Berlin 1907: 38, 39
Deutsche Gesellschaft für Sozialmedizin und Prävention e.V.: Umschlag vorn, 6
Privatbesitz Günter Regneri: 24
Institut für Geschichte der Medizin - Charité Centrum 1 für Human- und Gesundheitswissenschaften (ZHGB): 10
NEUMANN, Salomon: Die Berliner Syphilisfrage, Berlin 1852: 20
NEUMANN, Salomon: Die Fabel von der jüdischen Masseneinwanderung, Berlin 1880: 32
SILBERGLEIT, Heinrich: Das statistische Amt der Stadt Berlin, Berlin 1912: 29

Günter Regneri

geboren 1963 in Wuppertal. Erstausbildung zum Elektroniker. Studium der Geschichte, Soziologie und Germanistik in Berlin und London. Langjährige Tätigkeit im Informationsmanagement und der politischen Bildungsarbeit. Vorstandsmitglied des Förderkreises »Dokumentation der Arbeiterjugendbewegung«.